Impressum
Verlag: BABADADA GmbH, Nedderfeld 112 , 22529 Hamburg
Geschäftsführer / Verlagsleitung: Harald Hof
Druck: Books on Demand GmbH, In de Tarpen 42, 22848 Norderstedt

Imprint
Publisher: BABADADA GmbH, Nedderfeld 112 , 22529 Hamburg, Germany
Managing Director / Publishing direction: Harald Hof
Print: Books on Demand GmbH, In de Tarpen 42, 22848 Norderstedt, Germany

dividir
parkirin

186/2

mesa
texte

aula
sef

docente
mamoste

patio de escuela
hewşa dibistanê

papel
kaxez

escribir
nivîsandin

bolígrafo
pênivîsk

escritorio
mase

regla
rastek

libro
pirtûk

alumno
xwendek

mochila escolar

çewal

caja de lápices

qûtî nivîstok

lápiz

qelemrisas

sacapuntas

nivîstok tûjkir

goma de borrar

jêbir

diccionario visual

ferhenga dîtbarî

bloc de dibujo

nivîska nîgarê

dibujo

nîgar

pincel

firçeya rengê

caja de pinturas

qûtî reng

tijera

meqes

pegamento

lezaq

libro de ejercicios

pirtûka fêrbûn

tarea

wezîfa malê

número

hejmar

sumar

zêdekirin

restar

derxistin

multiplicar

zêdekirin

calcular

hesibandin

letra

tîp

alfabeto

alfabe

palabra
peyv

texto
nivîsê

leer
xwandin

tiza
geç

lección
ders

libro de clase
qeydkirin

examen
îmtîhan

certificado
şehade

uniforme escolar
kinca dibistanê

educación
perwerdehî

enciclopedia
zanistname

universidad
zanîngeh

microscopio
mîkroskûp

mapa
xerîte

cesto de papeles
sepeta kaxezê

hotel
mêvanxane

albergue
mêvanxane

casa de cambio
ofîsa pere veguhartinê

maleta
cente

auto
maşîn

idioma

ziman

sí / no

belê / na

ok

baş

hola

silav

intérprete

wergêra nivîskî

gracias

sipas

¿Cuánto cuesta…?

bihayê … çi qase?

No entiendo

ez fam nakim

problema

pirsgirêk

¡Buenas tardes!

êvarbaş!

¡Buenos días!

beyanî baş!

¡Buenas noches!

şev baş!

adiós

xatirê te

dirección

alî

equipaje

hûrmûr

bolso

çente

mochila

çente pişt

invitado

mêvan

cuarto

ode

saco de dormir

came xew

tienda de campaña

çadir

información al turista

agagiyên gerokan

playa

rexê avê

tarjeta de crédito

kartê qerzê

desayuno

taştê

almuerzo

firavîn

cena

şîv

pasaje

kart

ascensor

asansor

sello

pûl

límite

tixûb

aduana

gumirk

embajada

balyozxane

visa

vîza

pasaporte

pasaport

transporte
guhaztin

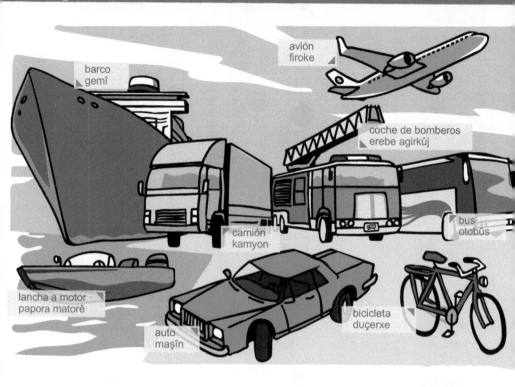

avión
firoke

barco
gemî

coche de bomberos
erebe agirkûj

bus
otobûs

camión
kamyon

lancha a motor
papora matorê

bicicleta
duçerxe

auto
maşîn

balsa

papor

lancha

papor

motocicleta

motorsîklêt

auto de policía

trimbêla polîsê

auto de carreras

trimbêla pêşbaziyê

auto de alquiler

erebe kirêkirinê

alquiler de autos

maşîn pervekirin

grúa

kamyona kişandinê

vehículo recolector de basura

kamyona xwelî

motor

motorsîklêt

gasolina

mazot

gasolinera

îstegeha benzînê

señal de tráfico

tabloya tirafîkê

tránsito

hatinûçûn

atasco

tirafîk

estacionamiento

cihê parkê

estación de tren

rawesteka trênê

carril

rêç

tren

trên

tranvía

trênê kolanê

vagón

erebe

helicóptero
babirok

aeropuerto
balafirgeh

torre
birc

pasajero
misafir

contenedor
qûtî

caja de cartón
qûtî

carro
girgirok

cesta
selik

despegar / aterrizar
rabûn / nîştin

ciudad
bajar

aldea
gund

centro de la ciudad
navenda bajarê

casa
xanî

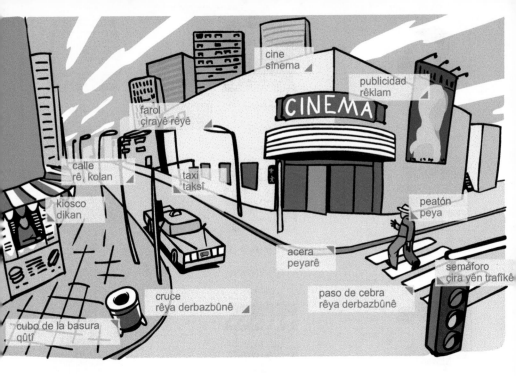

cine
sînema

publicidad
rêklam

farol
çirayê rêyê

CINEMA

calle
rê, kolan

taxi
taksî

kiosco
dikan

peatón
peya

acera
peyarê

semáforo
çira yên trafîkê

cruce
rêya derbazbûnê

paso de cebra
rêya derbazbûnê

cubo de la basura
qûtî

cabaña

kox

apartamento

xanî

estación de tren

rawesteka trênê

ayuntamiento

telara şarevanî

museo

mûzexane

escuela

dibistan

universidad
zanîngeh

banco
bank

hospital
nexweşxane

hotel
mêvanxane

farmacia
dermanxane

oficina
ofîs

librería
kitêbfiroşî

negocio
dikan

florería
gulfiroş

supermercado
bazar

mercado
bazar

grandes almacenes
supermarket

pescadería
masîfiroş

centro comercial
navenda kirrîn

puerto
bender

parque
park

banco
sekû

puente
pir

escalera
derince

metro
jêr erdê

túnel
tunnel

parada de autobuses
îstgeha otobûs

bar
bar

restaurante
xwaringeh

buzón de correo
sindûqa postê

letrero
nîşanderka rêyê

parquímetro
metra parkîngê

zoológico
baxça heywanan

piscina
hewza melevanî

mezquita
mizgeft

granja

cotgeh

polución

lewitandina derdor

cementerio

goristan

iglesia

kenîse

parque infantil

erdê leyistinê

templo

perestgeh

paisaje
tebîet

indicador de camino
nîşanderka rê

hoja
gela

sendero
rê

pradera
mêrg

piedra
kevir

árbol
dar

caminante
gerok

río
çem

pasto
giya

flor
kulîlk

valle

dol

montaña

gir

lago

gol

bosque

daristan

desierto

beyaban

volcán

volkan

castillo

keleh

arco iris

keskesor

seta

kivark

palmera

darqesp

mosquito

mixmixk

mosca

mêş

hormiga

mêrî

abeja

hing

araña

pîrê

escarabajo

kêzik

rana

beq

ardilla

sihor

erizo

jîjok

liebre

kerguh

lechuza

pepûk

pájaro

çivîk

cisne

qû

jabalí

berazê kovî

ciervo

pezkovî

alce

pezkovî

embalse

bendav

aerogenerador

tûrbîna ba

módulo solar

panela xorê

clima

av û hewa

camarero
berkar

carta del menú
pêşek

silla
kursî

sopa
şorbe

pizza
pîza

mantel
sifre

cubiertos
çetel û çemçik

entrada

xwarina destpêk

plato principal

xwarina serekî

postre

şêranî

bebida

vexwarinan

comida

xwarin

botella

cam

comida rápida

xwarina lez

comida callejera

xwarina rêyê

tetera

çaydanik

azucarera

qûtî şekirê

porción

beş

máquina de espresso

mekîna çêkirinê espresso

silla alta

kursiya bilînd

factura

hesab

bandeja

sênî

cuchillo

kêr

tenedor

çetel

cuchara

kevçî

cuchara de té

kevçiya çay

servilleta

pêşgir

vaso

qedeh

plato

teyfik

plato de sopa

teyfika şorbe

platillo

piyale

salsa

çênc

salero

xwêdank

molinillo para pimienta

qûtî bîbar

vinagre

sêk

aceite

rûn

especias

biharat

ketchup

ketçap

mostaza

mustard

mayonesa

mayonêz

oferta
pêşkêşên taybet

cliente
mişterî

productos lácteos
şîremenî

carrito de compras
erebe

fruta
fêkî

FOR

carnicería
....
qesabî

panadería
....
dikana nanpêj

pesar
....
wezin kirin

verdura
....
sebze

carne
....
goşt

alimentos congelados
....
xwarinê cemedî

fiambre
goştê sar

conservas
xwarina pîlê

detergente en polvo
xubarê paqijkirinê

dulces
şirînî

artículos domésticos
berhemên navxweyî

productos de limpieza
berhemên paqijkirinê

vendedora
firoşyar

caja
xeznok

cajero
diravgir

lista de compras
lîsta kirrînê

horario de atención
demên vekirî

cartera
cizdan

tarjeta de crédito
kartê qerzê

maleta
çewal

bolsa plástica
çente

agua

av

jugo

şerbet

leche

şîr

refresco de cola

komir

vino

şerab

cerveza

bîra

alcohol

alkol

cacao

kakwo

té

çay

café

qehwe

espresso

espresso

cappuccino

kapoçîno

banana

moz

manzana

sêv

naranja

pirteqalî

sandía

gundor

limón

lîmon

zanahoria

gêzer

ajo

sîr

bambú

qamir

cebolla

pîvaz

seta

qarçik

nueces

gewîz

fideos

şihîre

espagueti

spagêttî

arroz

birinc

ensalada

selete

patatas fritas

çîps

patatas salteadas

peteteya biraştî

pizza

pîza

hamburguesa

hamburger

sándwich

nanok

escalope

goştê stûyê berxî

jamón

goştê hişkkirî

salame

salamê

embutido

sosîs

pollo

mirîşk

asado

bijartin

pescado

masî

copos de avena

şorbe bilûl

musli

mûslî

copos de maíz tostado

kertên gilgilan

harina

ard

croissant

croissant

panecillo

semûn

pan

nan

tostada

tost

galletas

nanik

mantequilla

nivîşk

cuajada

mast

pastel

kulîçe

huevo

hêk

huevo frito

hêka qelandî

queso

penîr

helado
dondirme

azúcar
şekir

miel
hingiv

mermelada
mireba

praliné
xameya nougat

curry
kurrî

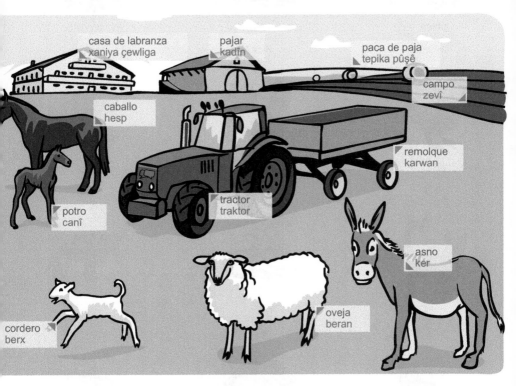

casa de labranza
xaniya çewliga

pajar
kadîn

paca de paja
tepika pûşê

campo
zevî

caballo
hesp

remolque
karwan

potro
canî

tractor
traktor

asno
ker

cordero
berx

oveja
beran

cabra
bizin

vaca
çêlek

ternero
golik

cerdo
beraz

lechón
xinzîrk

toro
boxe

ganso
qaz

pato
miravî

polluelo
cûçik

pollo
mirîşk

gallo
keleşêr

rata
circ

gato
kitik

ratón
mişk

buey
ga

perro
kûçik

caseta del perro
xaniya kûçikê

manguera de riego
xanî baxê

regadera
qûtîka avdanê

guadaña
şalûk

arado
gasin

hoz

das

azada

merbêr

bieldo

darsapik

hacha

bivir

carretilla

destgere

abrevadero

qûtî xwarina candaran

lechera

qûtî şîr

saco

tûr

cerca

çeper

establo

axur

invernadero

xana kulîlkan

suelo

ax

semilla

dendik

fertilizante

peyn

cosechadora

kombayn

cosechar

zad

cosecha

zad

raíz de ñame

petete

trigo

genim

soja

fasolî

patata

petete

maíz

dexl

colza

dindik

Árbol frutal

darê fêkî

mandioca

sêvê bin erdê

cereales

zad

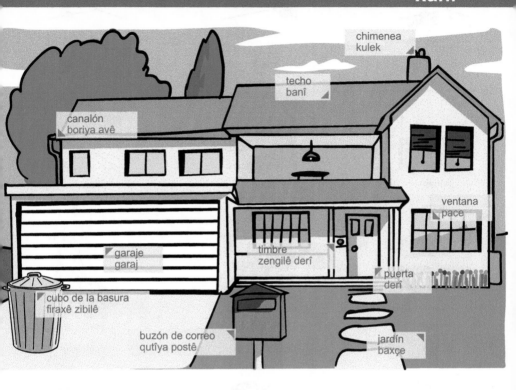

chimenea
kulek

techo
banî

canalón
boriya avê

ventana
pace

garaje
garaj

timbre
zengilê derî

cubo de la basura
firaxê zibilê

puerta
derî

buzón de correo
qutîya postê

jardín
baxçe

cuarto de estar

oda rûniştinê

cuarto de baño

hemam

cocina

metbex

dormitorio

oda xewê

cuarto de los niños

odeya zarok

comedor

oda şîvê

piso

binî

pared

dîwar

cielorraso

berban

sótano

xenzik

sauna

sauna

balcón

balkon

terraza

berdanik

piscina

hewza melevanî

cortacésped

çîmen birr

funda nórdica

melhefe

edredón

betanî

cama

nivîn

escoba

gezik

cubo

satil

interruptor

kilîl

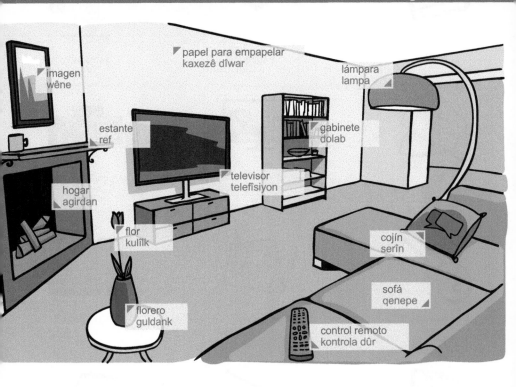

imagen
wêne

papel para empapelar
kaxezê dîwar

lámpara
lampa

estante
ref

gabinete
dolab

hogar
agirdan

televisor
telefîsiyon

flor
kulîlk

cojín
serîn

florero
guldank

sofá
qenepe

control remoto
kontrola dûr

alfombra

xalîçe

cortina

perde

mesa

mêz

silla

kursî

mecedora

kursiya hejanok

sillón

kursî

libro
pirtûk

frazada
betanî

decoración
xemilandin

leña
êzing

film
fîlm

equipo estereofónico
hi-fi

llave
kilîl

periódico
rojname

cuadro
nîgar

póster
poster

radio
radyo

bloc de notas
defter

aspiradora
sivnika elektrîkî

cactus
kaktûs

vela
mom

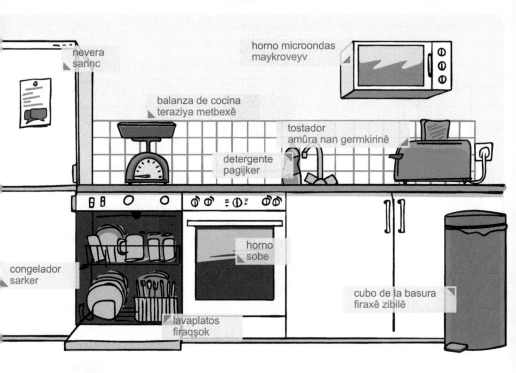

nevera
sarinc

horno microondas
maykroveyv

balanza de cocina
teraziya metbexê

tostador
amûra nan germkirinê

detergente
pagijker

congelador
sarker

horno
sobe

cubo de la basura
firaxê zibilê

lavaplatos
firaqşok

cocina
sobe

olla
aman

olla de fundición de hierro
amaê ûtû

wok / kadai
firaqê mezin

sartén
dîzik

hervidor de agua
kelînk

olla de vapor

firaqê hilmê

bandeja de horno

sênî nanê

vajilla

firaq

vaso

piyale

bol

kasik

palillos para comer

darê nanxwarin

cucharón de sopa

hesk

espátula

kevçiya mezin

batidor

rînek

colador

kefgîr

cedazo

bêjing

rallador

rêşker

mortero

destar

parrillada

biraştin

fogata

agirê vala

tabla de picar

texteya birrînê

rodillo

darikê tîrê

sacacorchos

devik badek

lata

qûtî

abrelatas

qûtîvekir

agarrador

cawê amanan

fregadero

destşo

cepillo

firçe

esponja

parazoa

batidora

tevdêr

arcón congelador

sarkerê cemedî

biberón

şûşe bebikan

grifo

henefî

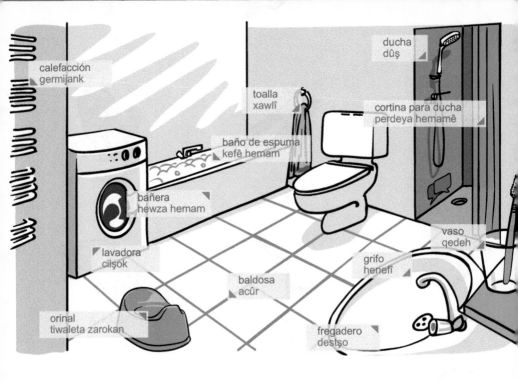

calefacción
germijank

ducha
dûş

toalla
xawlî

cortina para ducha
perdeya hemamê

baño de espuma
kefê hemam

bañera
hewza hemam

lavadora
cilşok

vaso
qedeh

grifo
henefî

baldosa
acûr

orinal
tiwaleta zarokan

fregadero
destşo

cuarto de baño

tiwalet

placa turca

tiwaleta erdê

bidé

tiwalet

urinario

avdestxana mêran

papel higiénico

kaxeza tiwalet

escobilla para el cuarto de
baño

firşeya tiwalet

cepillo de dientes

firçeya diran

pasta dentífrica

mecûna diran

seda dental

nexa didan

lavar

şûştin

ducha teléfono

dûşê destê

ducha higiénica

dûş

cuenco

destşo

cepillo para la espalda

firça pişt

jabón

sabûn

gel de ducha

célê hemam

champú

şampo

manopla para baño

fanîle

desagüe

zêrab

crema

kirêm

desodorante

bêhn xweşkir

espejo

mirêk

espejo de maquillaje

mirêka destê

máquina de afeitar

gûzan

espuma de afeitar

kefê teraşînê

loción para después del afeitado

mecûna piştî teraşînê

peine

şeh

cepillo

firçe

secador para cabello

por hîşikkir

laca de peinado

sipraya porê

maquillaje

kozmetîk

lápiz labial

soravk

laca para uñas

rengê nînok

algodón

pembû

tijera para uñas

meqesta nînok

perfume

parfûm

neceser

çewalê hemamê

taburete

kursiya bêpişt

balanza

terazî

bata de baño

kinca hemamê

guantes de goma

lepika lastîkê

tampón

tampon

compresa

xawliya paqijkirinê

wáter químico

tiwaleta kîmîyewî

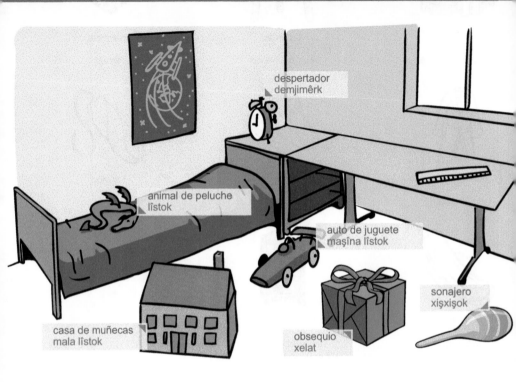

despertador
demjimêrk

animal de peluche
lîstok

auto de juguete
maşîna lîstok

sonajero
xişxişok

casa de muñecas
mala lîstok

obsequio
xelat

globo

pifdank

cama

nivîn

cochecito para niños

koçk

juego de barajas

lîstika kartê

rompecabezas

frîzbî

cómic

komîk

piezas de Lego

acûra lêgo

bloques para jugar

acûra lîstok

figura de acción

bûke şûşe

pijama de una pieza

kinca bebikan

frisbee

frizbee

móvil

veguhestin

juego de mesa

lîstikên texte

dado

mor

tren eléctrico a escala

modêla trênê

chupete

memik

fiesta

cejn

libro de dibujos

kitêba wêne

pelota

top

títere

bûke şûşe

jugar

leyîstin

arenero

kuna xîzê

columpio

colane

juguetes

lîstokan

consola de videojuego

lîstika vîdeoyî

triciclo

sêçerxe

osito de peluche

hirça lîstok

guardarropa

cildank

vestimenta

kinc

calcetines

gore

medias

gore

panti

derpêgorê

chal
şal

cinturón
qayiş

paraguas
çetir

camiseta
kiras

botas
şekal

zapatilla
pêlavê nav malê

deportivas
pêlav

sandalias
solik

zapatos
sol

botas de goma
potîna çermê

ropa interior
pantolê jêr

corpiño
pêsîrbend

camiseta
çekbend

body
cendek

pantalón
pantol

jeans
jeans

falda
daman

blusa
kiras

camisa
kiras

pullover
fanêle

sweater
fanêle

blazer
cakêt

chaqueta
sako

abrigo
çaket

impermeable
baranî

traje chaqueta
lebas

vestido
fîstan

vestido de bodas
cilê dawetê

traje

kostum

camisón

pêcame

pijama

pêcame

sari

saree

pañuelo de cabeza

leçik

turbante

mêzer

burka

hêram

caftán

kaftan

abaya

eba

traje de baño

kinca ajnêkirin

bañador

cilka melevanî

shorts

şort

chándal

cila hêvojkarî

delantal

pêşmal

guante

lepik

botón
dûgme

gafa
berçavik

brazalete
bazin

cadena
gerdenî

anillo
gustîl

aro
guhark

gorra
devik

percha
hilavistek

sombrero
kûm

corbata
kirawat

cierre a cremallera
zîp

casco
serparêz

tiradores
derzî

uniforme escolar
kinca dibistanê

uniforme
yûnîform

babero
berdilk

chupete
memik

pañal
pundax

oficina
ofîs

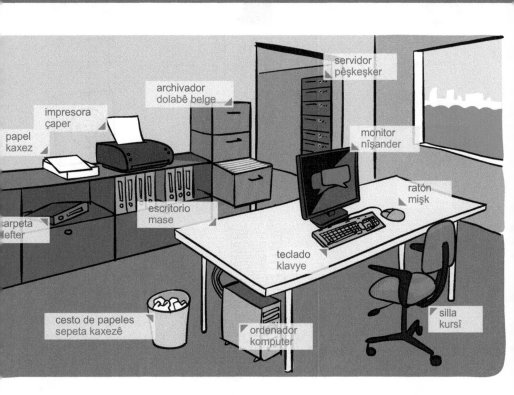

servidor
pêşkeşker

archivador
dolabê belge

impresora
çaper

papel
kaxez

monitor
nîşander

ratón
mişk

escritorio
mase

carpeta
lefter

teclado
klavye

cesto de papeles
sepeta kaxezê

silla
kursî

ordenador
komputer

taza de café
kasika qehwe

calculadora
hesabker

internet
înternet

laptop

komputera laptop

carta

name

mensaje

peyam

teléfono móvil

telefona mobîl

red

tor

fotocopiadora

mekîna fotokopî

software

software

teléfono

telefon

tomacorriente

socketa fîşek

máquina de fax

mekîna faxê

formulario

form

documento

belge

comprar

standin

pagar

pere dan

comerciar

bazirganî

dinero

pere

dólar

dollar

euro

yoro

yen

yenê Japonê

rublo

roblê Rûsî

franco

firankê Swîsê

renminbi

yuanê Çînê

rupia

rûpee Hindî

cajero automático

mekîna jixwebera dirav

casa de cambio

ofîsa pere veguhartinê

oro

zêrr

plata

zîv

petróleo

neft

energía

wize

precio

biha

contrato

peyman

impuesto

tax

acción

seham

trabajar

karkirin

empleado

karker

empleador

karda

fábrica

fabrîka

negocio

dikan

policía
polîs

bombero
agirkuj

cocinero
aşbaz

médico
bijîşk

o
evan

jardinero

baxçevan

carpintero

necar

costurera

dirûnvan

juez

hakim

químico

şîmyazan

actor

şanoger

conductor de autobús

şufêrê basê

taxista

şufêrekî taksiyê

pescador

masîvan

mujer de la limpieza

pagijker

techista

çêkirê banî

camarero

berkar

cazador

nêçirvan

pintor

rengrês

panadero

nanpêj

electricista

karebavan

albañil

avaker

ingeniero

endezyar

carnicero

qesab

fontanero

lûlekar

cartero

postevan

soldado
esker

arquitecto
mîmar

cajero
diravgir

florista
firotkara çîçekan

peluquero
porçêker

cobrador
ajovan

mecánico
mekanîk

capitán
keştîvan

odontólogo
pizîşka didanan

científico
zanistyar

rabino
rûhan

imam
îmam

monje
keşe

párroco
keşîş

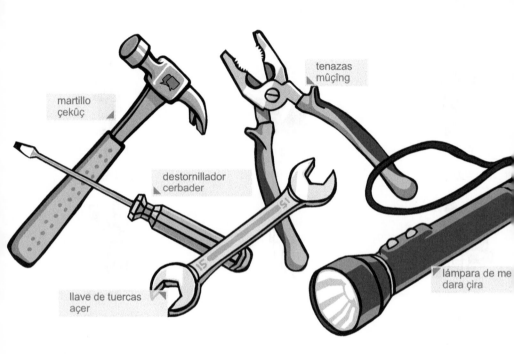

martillo
çekûç

tenazas
mûçîng

destornillador
cerbader

llave de tuercas
açer

lámpara de me
dara çira

excavadora

şofel

caja de herramientas

qûtiya amûran

escalerilla

peyje

serrucho

mişar

clavos

mîx

taladro

qulkirin

reparar
çêkirin

pala
merbêr

¡Maldición!
nalet!

recogedor
bêl

lata de pintura
qûtiya rengê

tornillos
cerr

instrumentos musicales
amûrên mûzîkê

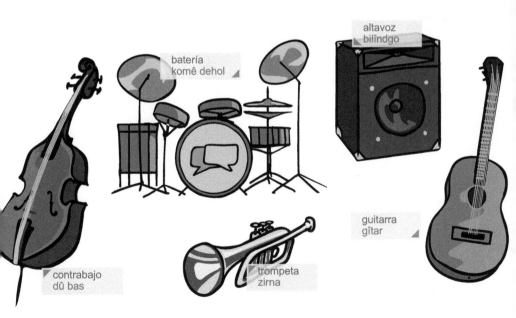

batería
komê dehol

altavoz
bilîndgo

contrabajo
dû bas

trompeta
zirna

guitarra
gîtar

piano
piyano

violín
viyolîn

bajo
bas

timbales
dehol

tambor
dahol

teclado
keyboard

saxofón
saksofon

flauta
bilûr

micrófono
mîkrofon

instrumentos musicales - amûrên mûzîkê

entrada
navder

tigre
piling

aula
qefes

cebra
kerê çiya

comida para animales
xwarina heywan

panda
panda

animales

heywan

elefante

fîl

canguro

kangarû

rinoceronte

kerkeden

gorila

gorîl

oso

hirç

camello

hêştir

avestruz

hêştirme

león

şêr

mono

meymûn

flamengo

flamîngo

papagayo

papaxan

oso polar

hirça cemserî

pingüino

penguîn

tiburón

semasî

pavo real

tawûs

serpiente

mar

cocodrilo

timsah

cuidador del zoológico

parêzera baxça ajalan

foca

seya derya

jaguar

piling

pony
hesp

leopardo
piling

hipopótamo
hespê rûbar

jirafa
canhêştir

águila
helo

jabalí
berazê kovî

pescado
masî

tortuga
kûsî

morsa
walras

zorro
rovî

gacela
xezal

fútbol americano
fûtbolê Amerîka

ciclismo
bisiklêtan

tenis
tenîs

baloncesto
baskêtbol

natación
avjenîkirin

boxeo
boxing

hockey sobre hielo
hokeya ser cemedê

fútbol	badminton	atletismo
fûtbol	badminton	yê atletîzmê
balonmano	esquí	polo
hendbol	befirajotin	polo

saltar
hilpeke

abrazar
hembêz

reír
kenîn

caminar
birêveçûn

cantar
lawje gutin

soñar
xewn dîtin

rezar
nimêj kirin

besar
maçkirin

escribir

nivîsandin

dibujar

nîgar kêşan

mostrar

nîşan dan

presionar

paldan

dar

dayîn

tomar

rakirin

tener
heyîn

hacer
kirin

ser
bûn

estar de pie
sekinîn

correr
bazdan

tirar
kişandin

arrojar
avêtin

caer
ketin

estar acostado
derew kirin

esperar
sekinîn

llevar
guhêztin

estar sentado
rûniştin

vestirse
cil berkirin

dormir
razan

despertar
rabûn

actividades - çalakiyan

mirar

mêze kirin

llorar

girîn

acariciar

celte

peinarse

şe kirin

conversar

peyvîn

entender

famkirin

preguntar

pirskirin

oír

bihîstin

beber

vexwarin

comer

xwarin

asear

kom kirin

amar

hezkirin

cocinar

xwarin çêkirin

conducir

ajotin

volar

firrîn

actividades - çalakiyan

navegar

kesştîvanî

calcular

hesibandin

leer

xwandin

aprender

hînbûn

trabajar

karkirin

casarse

zewicîn

coser

dirûtin

limpiarse los dientes

didan şûtin

matar

kuştin

fumar

dûxan

enviar

şandin

abuela
dapîr

abuelo
bapîr

padre
bav

madre
dê

bebé
bebek

hija
keç

hijo
kur

invitado

mêvan

tía

met

tío

ap/xal

hermano

bira

hermana

xwişl

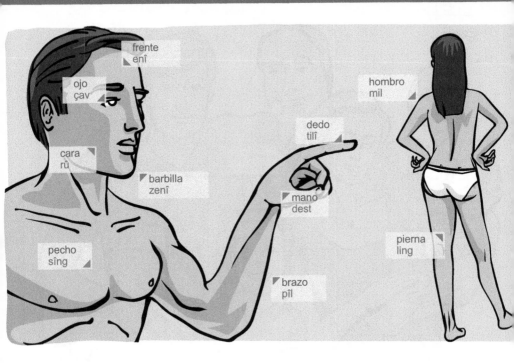

frente
enî

ojo
çav

hombro
mil

dedo
tilî

cara
rû

barbilla
zenî

mano
dest

pecho
sîng

pierna
ling

brazo
pîl

bebé

bebek

hombre

mêr

mujer

jin

muchacha

keç

joven

kor

cabeza

ser

espalda

pişt

vientre

zik

ombligo

navik

dedo del pie

tilîya pê

talón

panî

hueso

hestî

cadera

kûlîmek

rodilla

jûnî

codo

enîşk

nariz

difn

trasero

qûn

piel

çerm

mejilla

rû

oreja

gûh

labio

lêv

boca
dev

diente
diran

lengua
ziman

cerebro
mêjî

corazón
dil

músculo
masûl

pulmón
cîgera spî

hígado
ceger

estómago
made

riñones
gûrçikan

relación sexual
cotbûn

condón
kondom

Óvulo
hêk

esperma
tov

embarazo
dûcanî

menstruación
....
ade

vagina
....
qûz

pene
....
kîr

ceja
....
birû

cabello
....
por

cuello
....
hûstû

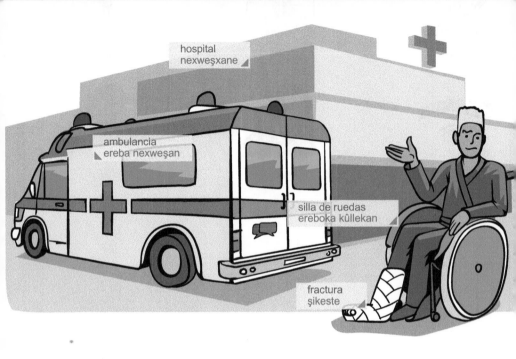

hospital
nexweşxane

ambulancia
ereba nexweşan

silla de ruedas
ereboka kûllekan

fractura
şikeste

médico

bijîşk

admisión de urgencia

oda lezgînê

enfermera

nexweşyar

emergencia

acîlîyet

inconsciente

bêhay

dolor

êş

lesión

birîn

hemorragia

xwînpijan

infarto de miocardio

hêrişa dilî

apoplejía cerebral

celte

alergia

alerjî

tos

kuxik

fiebre

ta

gripe

zikam

diarrea

navçûyin

dolor de cabeza

serêş

cáncer

qansêr

diabetes

nexweşiya şekirê

cirujano

emelîkar

escalpelo

skalpêl

operación

emelî

TC
CT

rayos X
sûretê rontgên

ultrasonido
ûltrasawnd

máscara
maskê rûyê

enfermedad
nexweşî

sala de espera
oda sekinînê

muleta
goçan

emplasto
şêl

vendaje
paçê birînpêçanê

inyección
derzî

estetoscopio
bîstoka pizîşkî

camilla
darbest

termómetro
têhnpîva klînîkê

nacimiento
zayîn

sobrepeso
qelew

audífono

alîkariya bihîstinê

desinfectante

bakterîkuj

infección

kotîbûn

virus

vîrûs

VIH / SIDA

HIV / AIDS

medicina

derman

vacunación

kutan

comprimido

heban

píldora anticonceptiva

heb

llamada de emergencia

lezgîn

medidor de presión arterial

dîmenderê pesto xwîn

enfermo / saludable

nexweş / sax

¡Ayuda!

Hewar!

alarma

alarm

asalto

êrîş

ataque

êrîşkirin

peligro

talûk

salida de emergencia

derketina acil

¡Fuego!

agir!

extintor

agir vemirandinê

accidente

qeza

kit de primeros auxilios

aletên alîkariya yekem

SOS

SOS

Policía

polîs

Europa

Ewropa

América del Norte

Amerîkaya Bakûr

América del Sur

Amerîkaya Başûr

África

Afrîka

Asia

Asya

Australia

Awustralya

Atlántico

Atlantîk

Pacífico

Okyanûsa Mezin

Océano Índico

Okyanûsa Hindî

Océano Antártico

Okyanûsa Antarktîka

Océano Ártico

Okyanûsa Arktîk

Polo Norte

Cemsera Bakûr

Polo Sur

Cemsera Başûr

Antártida

Antarktîka

Tierra

erd

país

ax

mar

behir

isla

dûrge

nación

milllet

Estado

welat

cuadrante

rûyê saet

horario

nişanderka demjimêr

minutero

nişanderka deqe

segundero

nişanderka saniye

¿Qué hora es?

Seet çende?

día

roj

tiempo

dem

ahora

niha

reloj digital

saetê dicîtal

minuto

deqe

hora

seet

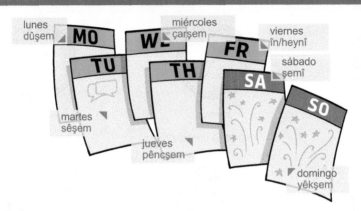

lunes
dûşem

MO

miércoles
çarşem

WE

viernes
în/heynî

FR

TU

TH

sábado
şemî

SA

SO

martes
sêşem

jueves
pêncşem

domingo
yêkşem

ayer
duh

hoy
îro

mañana
sibey

mañana
sibe

mediodía
nîvro

tarde
êvar

MO	TU	WE	TH	FR	SA	SU
1	2	3	4	5	6	7
8	9	10	11	12	13	14
15	16	17	18	19	20	21
22	23	24	25	26	27	28
29	30	31	1	2	3	4

jornada de trabajo
rojên karê

MO	TU	WE	TH	FR	SA	SU
1	2	3	4	5	6	7
8	9	10	11	12	13	14
15	16	17	18	19	20	21
22	23	24	25	26	27	28
29	30	31	1	2	3	4

fin de semana
dawiya hefte

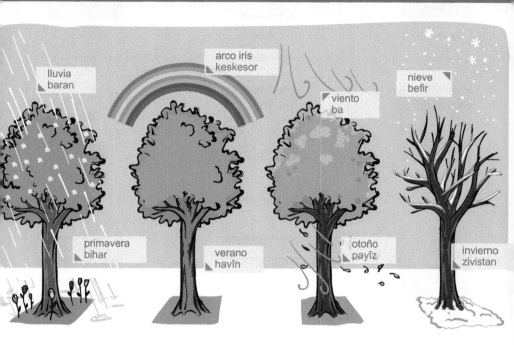

lluvia
baran

arco iris
keskesor

viento
ba

nieve
befir

primavera
bihar

verano
havîn

otoño
payîz

invierno
zivistan

4.APRIL	11°	☀
5.APRIL	4°	☁
6.APRIL	13°	☁
7.APRIL	8°	❄
8.APRIL	10°	☀

pronóstico meteorológico

pêşbîniya hewa

termómetro

tehnpîv

luz solar

tav

nube

hewr

niebla

mij

humedad ambiente

hêmî

relámpago

birq

trueno

brûsk

tormenta

tofan

granizo

terg

monzón

mansûn

inundación

lehî

hielo

cemed

enero

rêbendan

febrero

reşeme

marzo

newroz

abril

gulan

mayo

cozerdan

junio

pûşper

julio

gelawêj

agosto

xermanan

septiembre
......
rezber

octubre
......
kewçêr

noviembre
......
sermawez

diciembre
......
befranbar

formas
şêwe

círculo
......
çember

cuadrado
......
çarçik

rectángulo
......
çarqozî

triángulo
......
sêqozî

esfera
......
qada

cubo
......
xiştek

blanco

sipî

amarillo

zer

anaranjado

pirteqalî

rosa

pembe

rojo

sor

lila

mor

azul

şîn

verde

kesik

marrón

qehweyî

gris

gewr

negro

reş

mucho / poco

zor / kêm

enojado / calmado

bi hêrs / bêdeng

bonito / feo

bedew / nerind

comienzo / fin

destpêk / dawî

grande / pequeño

mezin / biçûk

claro / oscuro

ronî / tarî

hermano / hermana

brak / xwişk

limpio / sucio

pagij / girêj

completo / incompleto

tevî / netemam

día / noche

roj / şev

muerto / vivo

mirî / zindî

ancho / angosto

fire / teng

disfrutable / no disfrutable

xweş / nexweş

malo / amigable

nebaş / baş

excitado / aburrido

bi heyecan / aciz

gordo / delgado

qelew / zirav

primero / último

yekemîn / dawîn

amigo / enemigo

heval / dijmin

lleno / vacío

tijî / vala

duro / suave

req / nerm

pesado / liviano

giran / sivik

hambre / sed

birçî / tînî

enfermo / saludable

nexweş / sax

ilegal / legal

neqanûnî / qanûnî

inteligente / tonto

rewşenbîr / balûle

izquierda / derecha

çep / rast

cercano / lejano

nêzî / dûr

nuevo / usado

....

nû / bikarhatî

nada / algo

....

hîç / tiştek

viejo / joven

....

kal / ciwan

encendido / apagado

....

li / ji

abierto / cerrado

....

vekirî / girtî

bajo / fuerte

....

aram / dengbilind

rico / pobre

....

dewlemend / reben

correcto / incorrecto

....

rast / şaş

áspero / liso

....

dirr / hilû

triste / alegre

....

xemgîn / şa

breve / extenso

....

kurt / dirêj

lento / veloz

....

hêdî / zû

mojado / seco

....

şil / ziwa

caliente / frío

....

germ / hênik

guerra / paz

....

şerr / aşitî

opuestos - beramberan

8

números
hejmaran

0
cero
sifir

1
uno
yek

2
dos
dû

3
tres
sê

4
cuatro
çar

5
cinco
pênc

6
seis
şeş

7
siete
heft

8
ocho
heşt

9
nueve
neh

10
diez
deh

11
once
yazde

12
doce
dazde

13
trece
sêzde

14
catorce
çarde

15
quince
pazde

16
dieciséis
şazde

17
diecisiete
hefde

18
dieciocho
hejde

19
diecinueve
nozdeh

20
veinte
bîst

100
cien
sed

1.000
mil
hezar

1.000.000
millón
milyon

inglés

Inglîzî

inglés estadounidense

Inglîziya Amerîkî

chino mandarín

Çînî Mandarîn

hindi

Hindî

español

Îspanyolî

francés

Frensî

árabe

Erebî

ruso

Rûsî

portugués

Portugalî

bengalí

Bengalî

alemán

Elmanî

japonés

Japonî

yo
min

tú
tu

él / ella
ew / ev / ew

nosotros
em

vosotros
tu

ellos
ew

¿quién?
kî?

¿qué?
çi?

¿cómo?
çawa?

¿dónde?
kû?

¿cuándo?
kengî?

nombre
nav

detrás

piştî

en

li

delante de

pêşî

encima de

ser

sobre

ser

debajo de

bin

junto a

kêlek

entre

navber

lugar

cih